For You

Dear _____

From _____

Date _____

生花からドライまで、花を愉しむアイデア

おうちで
フラワーサイクルアート

河島春佳

Prologue

はじめに

フラワーサイクルアートとは、
花の命を長くいつくしむ方法です

「花が好き」という自覚が芽生えたのは、実は社会人になってから。
乗り換えの駅で、毎日通るお花屋さんに並ぶ色とりどりの花に目を引かれ、
週に一度、自分のために一輪の花を買うようになりました。

花瓶に入れてポンと置くだけで、部屋の雰囲気を明るくし、
優しい気持ちにしてくれる花。
でも、何日かすると萎れ、当たり前ですが枯れてしまいます。
その時に捨てるのがもったいなくて、
いつしか買ったお花をドライフラワーにするまでが私のルーティンになったのです。

「この花はドライになりやすい」「あの花はドライにしたらどんな色になるかな？」なん
て実験的要素も加わり、部屋に増え続けるドライフラワー。
このドライフラワーの使い道を模索する中で、何気なく始めたワークショップが
愉しくて愉しくて。花を仕事にしたいと思った瞬間でした。

花や花の仕事の現場をもっと知りたくて、
お花屋さんでアルバイトをしていた、ある年のクリスマスのことです。
12月25日までは真っ赤なバラが所狭しと並んでいましたが、
日付が変わるとお店は一気にお正月モードにチェンジ。
クリスマス用に用意されたバラは、すべて廃棄されました。

一輪ですら捨ててしまうのはもったいないと思っていたのに、
お店ではまだ元気なうちに捨てられてしまう花がこんなにたくさんあるのか……。
お花屋さんも、決して好きで花を廃棄しているわけではない。
その気持ちとやむにやまれぬ事情が理解できるだけにショックでした。

それと同時に、花を再利用する手立てはないか？という気持ちも湧いてきたのです。

"この花をドライフラワーとして蘇らせよう。
花がどこからやってきて、どこへ行くのかもしっかり知ってほしい"
そんな想いから廃棄予定の花を「ロスフラワー®」、
ロスフラワー®に新たな命を吹き込む仕事をする自分の肩書を
「フラワーサイクリスト®」と名付けました。

イベントで使ったものから、外部から引き取ったものまで、生花はアトリエでドライフラワーに。天井も床も埋め尽くしているのが日常風景。ドライになってもいい香りを放っています。

その後、パリでの単身花修業でいちばん驚いたのは文化の違い。
週に3日ほど開催されるマルシェで人々が買って行く生活必需品といえば野菜、
ハム、チーズ、ワインといった食料、そして花だったんです。
コロナ禍の時、日本ではトイレットペーパーが品切れになりましたが、
パリでは花が売り切れたといいます。

お世話になったホストファミリーの家のリビングには常に花瓶があり、
花を買ってきたらいつでもすぐに飾れる状態。
この習慣は若い人にも根付いていて、
ドイツのシェアハウスに住んでいた20代女性の家のダイニングには、
たくさんのチューリップが飾ってありました。
"花が生活の真ん中にあるって素敵だな"と思ったことを、
今でもはっきり覚えています。

日本ではどうかというと、母の日にカーネーションを贈るとか、
クリスマスやお正月に花を飾るなど、何か花を買う明確な理由がないと、
お花屋さんに寄ろうとする人は欧米に比べ少ないのが現状。
"すぐに枯れてしまうから"という理由から、
買うことを躊躇してしまう方も多いと聞きます。

では、すぐに枯らすことなく、花を長く愉しむことができたなら？

一輪の花を捨てたくない、長くいつくしみたいという想いから生まれた、
花の命を余すことなく愉しみきる方法「フラワーサイクルアート」。

さまざまな愉しみ方を知ることで、花を飾りたいと思ってくれる人が増え、その結果、
花のロスが減り、ひいては何気ない日常に花がある文化が広まってくれれば……。
そして今、手にしてくださっているこの本を、花と共に長く活用していただけたら、
これほど嬉しいことはありません。

❶イベントで使用した、ロスフラワー®の定義とフラワーサイクリスト®のミッションを伝えるためのサイン。 ❷"生活必需品"だけあって、ヨーロッパの市場には花が溢れています。 ❸ドイツの友人宅にて。

Contents

【資材協力】パレス化学株式会社

【参考文献】『東京植物図譜の花図鑑1000』
東京植物図譜：写真・監修
小池 安比古：監修　（日本文芸社）

CHAPTER **1**

生花からドライフラワーまで。
誰でも簡単に愉しめるおすすめの花たち

お花屋さんに行くと、種類がありすぎて「どの花を選べばいいかわからない」
という方は少なくないと思います。ここでは生花からドライにするまで、
誰でも手軽に愉しめる12種類の花をご紹介します。

ROSE

バラ

誰もに愛される"花の女王"は
初心者でも扱いやすい花、ナンバーワン

本来の開花時期は春と秋の2回ですが、一年中、流通しているため、
手に入りやすいバラ。華やかで香りもよく、不動の人気を誇っています。
毎年、新品種が誕生するため、花弁の形・咲き方・色のバリエーションは
今も増加中。花の水分量が多くないため、ドライフラワーにも向いています。
写真のように花びらの先端がピンクで、根元に近づくにつれて白くなっていく
カラーグラデーションタイプも比較的キレイに色が残るため、
ドライにしても色を愉しめる花と言えます。

▶▶ P.28

チューリップ

ドライフラワーにすることを見据えて
長く愉しむならパーロット咲き

品種によって咲く時期が多少異なるものの、チューリップの開花期は
12月から4月が主流。ユリ咲き、フリンジ咲き、パーロット咲き、
クラウン咲きなど、さまざまな咲き方があり、印象もかなり異なります。
本来、ドライフラワーには向きませんが、ギザギザした厚みのある花びらが
特徴のパーロット咲きは、ドライにしても形が保たれやすいのでおすすめです。
写真中央のように、できるだけ生花に近い形のドライフラワーにするには、
少量の水を入れたまま花瓶に挿しておく「ドライインウォーター法」が有効です。

▶▶ P.30

RANUNCULUS

───────

ラナンキュラス

花言葉「晴れやかな魅力」どおり、
生花でもドライでも華やかさを放つ

　2月から4月中旬頃までが最も市場に出回る、春の花の代表格。
咲き方や質感、色や模様などさまざまで、現在も新しい品種が次々と
開発されています。花弁に光沢があるラックスシリーズのラナンキュラスは
ドライに不向きですが、普通咲きなら、色や模様など何を選んでもOK。
　ラナンキュラスはドライになった後も湿気を吸いやすく、1本だけ
花瓶に挿した状態で置いておくと、花首が曲がってしまうことがあるので、
ブーケやアレンジのように束ねた状態にしておくと安心です。

▶▶ P.36

椿

花が咲き終えたら、美しい枝ぶりを
インテリアとして堪能する

メインの開花時期は11月から4月頃。種類によって少し異なります。
立ち木に咲いているイメージが強く、切り花で購入する人は少ないかも
しれませんが、その凛とした佇まいは静謐な存在感を放ちます。
椿は花首ごと落ちることから、江戸時代の武士の間では縁起がよくないと
されていたようですが、それ以前は高貴な花として扱われていました。
現代では多くの椿関連の商品が販売され、日本人にとっては
馴染み深い花のひとつ。花はドライに不向きですが、枝は長く愉しめます。

▶▶ P.42

芍薬

一重咲き、八重咲き、扇咲き
ドライフラワーにしても美しさはそのまま

芍薬は4月から5月が開花時期ですが、産地によって少しずつ出荷時期が
ズレるため、5月が最も店頭に並ぶ時期となります。花びらの数が多く、
華やかな見た目で香りが強いものを「洋芍薬」、日本で改良された
一重咲きや扇咲きの比較的シンプルな見た目のものを「和芍薬」と呼びます。
どちらもドライにできますが、出回るのが梅雨間近のため湿気に注意。
特に洋芍薬は花びらの枚数が多いので、乾燥中にカビが生えないよう、
風通しのよい場所に吊るすなどの対策をしましょう。

▶▶ P.44

ミモザ

ドライにしても鮮やかな色味が
残るので、リースで長く愉しみたい

2月から3月頃、ポンポンのような黄色い小花をたくさん咲かせる
ミモザの正式名称は「フサアカシア」。欧州での通称に倣い、
日本でもミモザと呼ばれています。イタリアでは3月8日に
男性から女性へ、日頃の感謝を込めてミモザを贈る風習があります。
また、「国際女性デー」のシンボルがミモザということもあり、その認知と共に、
日本でもミモザが広く知られるようになりました。鮮やかなイエローは
ドライにしてもキレイに色が残るため、ドライフラワーとしても人気。
ドライになると花や葉が落ちやすくなります。

▶▶ P.50

LEUCADENDRON

リューカデンドロン

近年人気のネイティブフラワーは
群を抜いてドライにしやすい

秋に出回るネイティブフラワーの一種で、南アフリカが原産地。
さまざまな品種があり、それぞれ大きさや形状は異なりますが、
厳しい自然環境に耐えるだけあり、どれもワイルドな見た目が特徴です。
丈夫で長持ちするうえ、大ぶりの花材とも相性がよく、カッコいい印象の
アレンジを作ることができるため、近年人気が高まっています。
もともと、水分量が少ないため、初心者でも簡単にドライフラワーにできます。
乾燥しても大きな変化はなく、生花と同じ形状を愉しめます。

▶▶ P.54

紫陽花

花の色が変化していく、その瞬間の
美しさをドライにして閉じ込める

6月から9月に開花期を迎える紫陽花（あじさい）。梅雨時期に咲く青や紫、ピンクの
イメージが強いですが、最近はアンティークカラーの「秋色紫陽花」が人気。
秋色紫陽花は品種名ではなく、初夏に咲いた一般的な紫陽花が気温の変化などに
よって、くすんだ色味に変化したもの。オシャレな色合いはもちろん、
ドライフラワーにした時にキレイに色が残りやすいのも、人気の理由です。
そのほか、円錐形に咲く「柏葉紫陽花（かしわばあじさい）」もドライフラワーに適しています。
花びらと思われがちな部分は実はがく。押し花で愉しむのもおすすめです。

▶▶ P.62

COSMOS

コスモス

花も茎も葉も華奢で繊細なので、
押し花にするのがおすすめ

本来は秋に開花するコスモスは、最近では早咲きの品種も出てきて、
品種改良によって開花時期が延びています。また、チョコレートの香りが
するものや八重咲きなど、バリエーションも年々増えていますが、
最もポピュラーなピンクの一重咲きも、変わらず高い人気を誇ります。
茎が細く花びらが薄いため、自然乾燥させると写真中央のように萎れてしまい、
キレイな花の形を残すことができません。そのため、ドライフラワーにするなら、
写真右のように押し花にするのがおすすめです。

▶▶ P.68

デルフィニウム

"青い花"が少ない中で、ブルーの
バリエーションが豊富な希少な花

基本的には5月から7月が開花期ですが、一年を通して手に入りやすい花です。
複数の品種がある中で、最も一般的なのは1本の茎からいくつも枝分かれして
花が咲く"スプレー咲き"で、色は濃い青、水色、ピンク、白の4色が一般的。
水分が比較的少ないので、ドライフラワーにも向いています。
写真は、中央がシリカゲルの乾燥剤でドライにしたもので、右が自然乾燥
させたもの。自然乾燥でドライフラワーにすると、花びらは少し縮みますが、
鮮やかな青色はキレイに残ります。

▶▶ P.78

BABY'S BREATH

かすみ草

染色やドライにも向いているので
さまざまにカスタマイズして愉しみたい

かすみ草の開花期は5月から6月頃ですが、寒さに強いという特性もあり、
ほぼ一年中、花屋に並びます。小さな花と繊細な茎からなるエアリーで
可憐なフォルムはどんな花材とも相性がよいため、メイン花材の引き立て役に
使われることが多いですが、かすみ草のみのブーケやアレンジも人気です。
「水分量が少ない」「花びらが薄い」「花が小さい」かすみ草は、
ドライフラワーにも向いています。また、一つひとつの花が小さく、
短時間で簡単に染色できるため、さまざまな色に染める愉しみもあります。

▶▶ P.84

ダリア

シリカゲルの乾燥剤を使えば、
華やかな存在感がそのままドライに

7月から10月に開花期を迎えるダリアは、暖色系の色味が多く、
形はポンポン咲きの丸く可愛らしいものから、大輪で豪華なものまでさまざま。
和・洋どちらのアレンジにも合わせやすいため人気があります。
水分を多く含むダリアは、本来はあまりドライフラワー向きではなく、
自然乾燥では美しい形状をそのまま残すのは難しいですが、シリカゲルの
乾燥剤を使えば、キレイにドライフラワーにできます。写真右は
シリカゲルで乾燥させたダリア。左の生花と見た目がほぼ変わりません。

▶▶ P.92

フラワーサイクルアートを愉しくする
愛用ツール

「いつも使うモノだから、使いやすく、自分が心地よくなれるものを」。
生花だけでなく、ドライフラワーを作る際にも使いやすい、
私が愛用しているツールをご紹介します。

使い勝手がいいだけでなく、
デザインもスタイリッシュ

tool 1

フラワーハンガーラック

　ドライフラワーを作るために欠かせない、花を乾燥させる作業。ピンチハンガーや干しかごでももちろんいいのですが、乾燥させているプロセスも絵になるフラワーハンガーラックが欲しくて作りました。吊るした時に安定する形状やサイズ感などの使いやすさに加え、ドライフラワーが映える色味や重厚感などのビジュアルにもこだわった自信作。花を乾燥させていない時に出しっぱなしにしていても、インテリアの邪魔になりません。

el:ment×フラワーサイクリストRIN
花の魅力をみつけて愉しみきる
フラワーハンガーラック　¥3,190
※販売終了になる可能性があります。

tool 2

花ばさみ＆
フローリストナイフ

　生花でもドライフラワーでも切れ味がよく、使い勝手がいいものを探したところ、この花ばさみに行き着きました。人差し指を置くくぼみがある形は、握りやすく力を入れやすいので、枝ものもスムーズにカットでき、初心者でも使いやすいと思います。私には仕事で使う、よりシャープにカットできるフローリストナイフも必需品ですが、カッターでも代用できるので、ひとまず花ばさみがあれば大丈夫です。

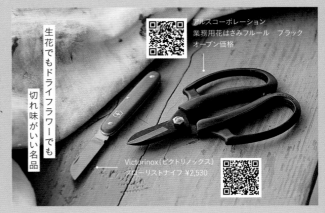

生花でもドライフラワーでも切れ味がいい名品

アルスコーポレーション
業務用花はさみフルール　ブラック
オープン価格

Victorinox（ビクトリノックス）
フローリストナイフ　¥2,530

花を選ばず使いやすい！
3種のおすすめ万能花瓶

花瓶

　サイズ・形・素材など多種多様で、花瓶選びは迷うもの。とはいえ、限られた収納スペースに収めるためにも、最小限の万能選手を揃えたいですよね。私が特によく使うのはこの3種類。少ない本数を活けるなら、真ん中の口がすぼんだぽってりした形の花瓶。頭の重い花や多めに活ける場合は、右のX型の花瓶。くびれがブーケのリボンのような役目を果たし、バランスよく収まります。たっぷり活ける時は、口が開いた左のブルーのグラデーションの花瓶。青い色の花は少ないので、花と同化せず、かといって喧嘩もせず、むしろ差し色になってくれるブルーの花瓶はおすすめ。素材はガラス製が手に取りやすく、インテリアにも馴染みやすいと思います。

エプロン

　私にとって、エプロンは毎日身に着ける制服のようなもの。だからこそ、花ばさみが入る大きめのポケットがあることや、作業中ズレにくい実用性に加え、可愛さも重要なポイントです。ギャザーたっぷりでワンピースのようなデザインは、ちょっと外に出ても違和感がなく、仕事をしていて気分が上がります。着心地にもこだわり、素材はチクチク感が少なくて洗うたびに肌に馴染む、優しいリネンを選びました。

TUTIE. (ツチエ)リネン
キャンバスムジエプロンワンピース
¥9,900

大人可愛く着こなせる
ワンピースのようなエプロン

25

逆さまに吊るすだけ。
ドライにしたらアートに愉しむ！

ドライフラワーの基本的な作り方は、花を逆さに吊るすだけと簡単です。
買ってきた花を、長く愉しむちょっとしたポイントを押さえて可愛く飾った後、
ドライフラワーにしてみる。そんな豊かなサイクルを味わってみてください。

バラ ｜ ROSE ｜

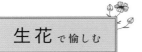

生花 で愉しむ

最初は長め、徐々に短く
茎の長さに合わせて花器も変えていく

水中に茎の先を浸けた状態で茎を
切る「水切り」を行う。繊維を潰
さないよう切り口はスパッと斜め
に。水切りは毎日行うのが基本。

花は茎が短い方が長持ちするので、徐々に短くしていきましょう。
茎の長さに合わせてジャムの瓶や小皿などを活用し、活け方を愉しんで。

ドライで愉しむ

シンプルな花瓶にポンと入れるだけ
ドライフラワーの美しさを際立たせる

室内の風通しのよい場所に、
頭を逆さにした状態で1本
ずつ吊り下げて乾燥させま
す。ピンチハンガーなどを
活用しましょう。

同種のバラをシン
プルな花器に飾る。
生花と時の佇まい
との違いを味わう
のも一興です。

チューリップ | TULIP |

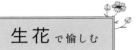

生花 で愉しむ

無造作にバサッと活けてみる
"グルーピング"がキレイに魅せるコツ

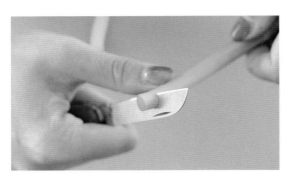

STEP **1**

茎をまっすぐに切る。茎が繊細なので、あればフローリストナイフで。チューリップは水の吸い上げがよいので、斜めに切らなくてOK。

STEP **2**

茎の下の方の葉を手でちぎり取る。その際、葉を下に引っ張って取ろうとすると、茎の表面も一緒にはがれてしまうため注意する。

STEP **3**

同じ種類や色合い同士、チューリップの向きを揃えながらまとめる（グルーピング）。花の頭を揃えたら、茎の長さを切り揃える。

茎のしなりを愉しめる広口の花瓶に
活けるのがおすすめ。

チューリップ | TULIP |

ドライで愉しむ

ドライフラワー×古書。大人可愛い
アンティークカラーのガーランドに

STEP 1 花を束ね、頭を逆さにした状態で吊るす。乾燥する過程で茎が細く
なり、輪ゴムや紐から抜けてしまう場合があるのできつく束ねる。

より生花に近い形で
ドライにする
「ドライインウォーター法」

花瓶に少量の水を入れ、室内の風
通しのよい場所で、ゆっくり乾燥
させます。水を替える必要もなく、
手間はかかりませんが、花の種類
や時期によっては上手くできない
こともあります。初心者にはやや
難度が高めですが、機会があれば
チャレンジしてみて。

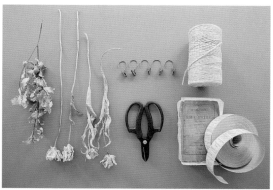

準備するもの

チューリップと
副花材（共にドライフラワー）
花ばさみ
フック付きクリップ
麻紐
古書や古い切符など

STEP **2**

古書から使う枚数分ペー
ジを切り取り、チュー
リップなどの花材や、
古い切符などの素材を
並べ、ガーランド全体
のデザインを考える。

STEP **3**

台紙となる古書のペー
ジの大きさに合わせて、
チューリップや副花材
をカットする。余分な
葉っぱなどがあれば取
り、形を整える。

チューリップ | TULIP |

STEP **4**

古書、古い切符、チューリップなどの花材をまとめてフック付きクリップで留める。

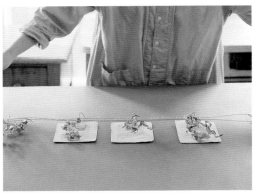

STEP **5**

オーナメントの数や吊るす場所を考え、麻紐を好みの長さにカットする。紐をピンと張るか、たわませるかなど、飾り方も考える。

STEP **6**

カットした麻紐に、フック付きクリップをバランスよく取りつける。吊るした時に動かないよう、しっかり結びつける。

ナチュラルな色味がシックな大人可愛いガーランドが完成。

ラナンキュラス | RANUNCULUS |

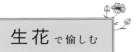

花の色を統一すれば、
品種がさまざまでもまとまります

STEP **1**

茎を斜めに切ると、ラナンキュラスは水を吸いすぎて花がどんどん開いてしまうため、長持ちするよう茎はまっすぐにスパッと切る。

STEP **2**

枝分かれして複数花を咲かせる"スプレー咲き"のラナンキュラスを最初に活け、完成形の幅や高さのアウトラインをイメージする。

STEP **3**

そのほかのラナンキュラスを、高さが互い違いになるように活ける。花が大きく存在感のあるものは、低いところに配置する。

同色でまとめれば、1本ずつ品種が
違っても統一感が出ます。

ラ ナ ン キ ュ ラ ス | RANUNCULUS |

 ドライで愉しむ

ケースを利用して、額装感覚で
花の魅力をディスプレイ

STEP **1**

室内の風通しのよい場
所に、頭を逆さにして
1本ずつ吊り下げる。
ドライに不向きなラッ
クスシリーズ以外のラ
ナンキュラスを使う。

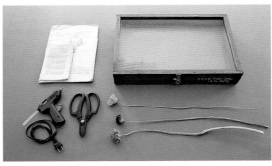

準備するもの

ラナンキュラスと副花材
（共にドライフラワー）
花ばさみ
グルーガン
古書や古い英字新聞など
ディスプレイ用ケース

STEP **2**

副花材のおすすめは、
デルフィニウムやスタ
ーチスなどの小花と、
チランジアなどの個性
的なドライフラワー。
色はラナンキュラスを
引き立てる白や緑がお
すすめ。

STEP 3

用意した古書や英字新聞の文字や柄の組み合わせを考えて、縦横織り交ぜながら、ケースの底にバランスよく敷き詰める。

STEP 4

古書や英字新聞を置く位置が決まったら、配置を忘れないように一旦ケースから取り出し、1枚ずつグルーガンで貼り付ける。

STEP 5

ケースの底に貼り付けた古書や英字新聞の上で、ラナンキュラスを置く位置を決め、茎が長ければ、適宜カットしながら並べていく。

ラ ナ ン キ ュ ラ ス | RANUNCULUS |

STEP **6**

用意した小花や葉っぱなどの副花材を、ラナンキュラスを引き立てるように並べ、貼る位置を決める。

STEP **7**

最後にスパニッシュモスなどのふわふわした花材を、ほかの花材の切り口や隙間を埋めるように置く。これはグルーガンで貼らず、置くだけでOK。

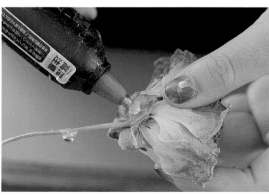

STEP **8**

花材をグルーガンで留める。グルー（接着剤）は、茎や花に2か所程度、点でのせるようにつける。木工用ボンドは乾きにくいので、グルーガンを使うのがおすすめ。

ドライフラワーの世界観が詰まったディスプレイ。ウェルカムボードなどにしても。

椎 | CAMELLIA |

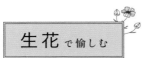

生花 で愉しむ

日本人に愛される"和"の花の代表
蕾から花が咲くまで、ゆっくり愛でる

花ばさみで根元を十字に切る。枝
ものは、斜めに切るだけでは水の
吸い上げが不十分なので、十字に
切って、吸い上げ面積を増やす。

倒れないよう安定感がありつつ、口が
狭い花瓶を選ぶと形が決まりやすい。

42

ドライで愉しむ

和から洗練されたシンプルさへ
花ではなく、枝ぶりを愉しむ

潔い、枝だけのディスプレイは、どんなインテリアにもマッチします。

花に元気がなくなったら、花瓶の
水を抜きドライにする。乾燥した
ら花と葉は手で取り、細かい枝を
切って、軸となる枝を際立たせる。

43

芍薬 | PEONY |

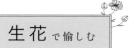

生花 で愉しむ

合わせる花材によってテイストを
変えられるのが芍薬の醍醐味

STEP **1**

水中に茎の先を浸けた状態で茎を
切る「水切り」を行う。繊維を潰
さないよう切り口はスパッと斜め
に。水切りは毎日行う。

STEP **2**

蕾についている蜜は開
花を妨げてしまうため、
がくと花びら部分の蜜
は、湿らせたティッシ
ュで優しく拭き取る。

STEP **3**

蕾が固いとなかなか開
かないため、より開花
しやすくなるように、
親指と人差し指で両方
向から優しく押し、ほ
ぐしていく。

STEP **4**

和モダンをテーマに活ける。副花材に選んだのは、写真左から順に、リキュウソウ、コデマリ、ソリダコ、テマリソウ、ハラン。

STEP **5**

枝が花留めの役割も果たしてくれるコデマリを先に活けてアウトラインを作り、その後、ハラン以外の副花材と芍薬を活ける。

STEP **6** 和風アレンジでよく使われるテクニックを活用。ハランの先端から少し内側に切り込みを入れ、葉を彎曲させて切り込みに茎を通す。

芍薬 | PEONY |

STEP6のハランをバランスよく花瓶に挿す。
和を感じさせる副花材で、和モダンテイストに。

| 応 用 | 合わせる副花材次第では
パリっぽい仕上がりに |

メインの花が決まっている場合、
テイストを決める要素は、副花材、
花瓶、葉などに施されたちょっと
したテクニックの3つ。その中で
も、イメージを最も大きく左右す
るのは副花材です。メイン花材が
左ページと同じ芍薬でも、ユーカ
リ、ワックスフラワー、アスチル
ベ、アストランチア、アイビーと
いった洋風な副花材を合わせれば、
パリっぽい雰囲気に。仕上がりを
イメージし、それに合う副花材を
考えるのも愉しい時間です。

芍薬 | PEONY |

ドライで愉しむ

生花用吸水スポンジを使って、
バスケットアレンジに挑戦

STEP **1**

室内の風通しのよい場所に、頭を逆さにして1本ずつ吊り下げる。花びらが多い芍薬は乾燥しにくいので、吊るす場所に配慮する。

STEP **2**

生花用吸水スポンジをカットし、バスケットに入れる。芍薬などのドライフラワーを挿し、吸水スポンジを隠すようにドライモスを散らす。吸水スポンジはパン切り包丁を使うとキレイに切れる。

柔らかい生花用吸水スポンジならドライ花材も挿しやすく、バスケットアレンジも簡単。

ミモザ ┃ MIMOSA ┃

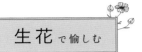

生花 で愉しむ

生花のうちにリースにして、
ドライになっても鮮やかな色味を愉しむ

STEP **1**

水を吸い上げる力が弱
いため、茎の下から
10cm程度を金づちで
叩く。茎が潰れ繊維が
出てくると、その分、
水を吸収する面積が増
える。

STEP **2**

リースを作り始める前
に花瓶に挿し、たっぷ
り水を吸わせる。ミモ
ザは乾燥するのが早い
ので、鮮度がよく柔ら
かいうちに作り始める。

準備するもの

ミモザ
花ばさみ
リース土台（ミモザを間
に挿せる蔓素材のもの）
麻紐

STEP **3**

ミモザを長さ10〜
15cmずつに切り分け
る。花付きがよく見映
えのいい先端部分は、
ほかの部分と混ざらな
いように分けておく。

STEP **4**

切り分けたミモザの根
元の花や葉を少し手で
取り、リース土台に挿
し込みやすくする。取
った花や葉は後で使う
のでとっておく。

ミ モ ザ | MIMOSA |

STEP **5**

STEP3で分けておいた見映えのいいミモザを目立つところに配置し、リース土台の隙間に挿していく。

STEP **6**

残りのミモザを、方向を揃えて上面と側面に挿していく。乾燥するとボリュームが減るので、できるだけ多めに密集させるように挿す。

STEP **7**

リースを吊るすための麻紐を、リース土台に通して結ぶ。最後に、STEP4でとっておいた小さな花や葉を隙間に挿し、全体のバランスを整える。

生花ならではの優しい香りと元気なフレッシュイエローに癒やされます。

ドライで愉しむ

生花のうちにリースにしたミモザは そのまま時間の経過を愉しみます

水分が抜け、どこかアンティークっぽい雰囲気が漂い始めます。花も葉もポロポロと落ちやすいので、飾った場所から動かさないのがおすすめ。

リューカデンドロン | LEUCADENDRON |

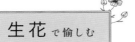

生花 で愉しむ

花の活け方の基本、"3本の法則"で
人気のネイティブフラワーを愉しむ

STEP 1

花ばさみで根元を十字に切る。枝
ものは、斜めに切るだけでは水の
吸い上げが不十分なので、十字に
切って吸い上げ面積を増やす。

STEP 2

メインのリューカデン
ドロンのほか、直線的
な花材（写真上・ケイ
トウ、パンパスグラス、
ミレット パープルマ
ジェスティ、クラスペ
ディアなど）と、広が
りのある花材（写真下・
エリカ フォーシスタ
ーズ、ビバーナム、ワ
ックスフラワー、ミシ
マサイコなど）を1本
ずつ用意する。

STEP **3** リューカデンドロンは、花首から下に葉を数枚残し、水に浸かってしまう部分や、活ける際に邪魔になる部分の葉を手で取る。

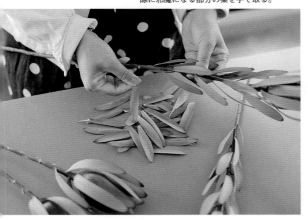

STEP **4**

用意した直線的な花材を、花瓶に挿した部分と出ている部分が、約1:1の比率になるように花ばさみでカットして活ける。

STEP **5**

高さが、直線的な花材→メインの花材→広がりのある花材の順となるように、少しずつ高低差をつけて活ける。

リューカデンドロン | LEUCADENDRON |

3本の花材を高低差をつけて活ける "3本の法則" を押さえれば、ミニマルでセンスのよい仕上がりに。

ドライで愉しむ

パスタジャーを活用した
オイルなしハーバリウム

室内の風通しのよい場
所に、頭を逆さにした
状態で1本ずつ吊り下
げる。1週間から10日
間で、花が開いた状態
のドライフラワーに。

バランスよく茎をカットしてパス
タジャーに入れる。ラベルを貼っ
ても可愛い。

Column 2

愛おしい
"不揃いな花"の"花"し

茎が曲がった花や、頭がちょっと大きい花……。野菜にも規格外品があるように、花にも流通が難しい"不揃いな花"があります。日本では、世界に誇れる高いクオリティの花が育てられており、農家の方は育てた花を作品のように市場に卸します。

規格内の花と規格外の花。生育した場所によって太陽の当たり具合が少し違った程度で、かけられた手間は同じ。私が代表を務めるRINでは、規格外の花を買い取り、ブーケにするなど、普通に仕入れた花と同等に扱っています、いびつな形が味となって自然とデザイン性が生まれるなど、個性を発揮してくれるのがいいところ。花瓶に一輪挿した時、茎がピンとしているのもいいですが、曲がっているものも面白いですよね。

日本では、一般の方が規格外の花を購入しようと思っても、なかなか出会えませんが、パリなどではコンビニやスーパーのレジ横にさりげなく置かれていることがあります。なぜこうも違うのでしょう？　それは、日本人が好む美は"同じ長さや同じ太さ"といった統一感であるのに対して、ヨーロッパの方は"ちょっと違っているのがまたいい"というように、個性に美しさを感じるからだと思います。生きているものが全部同じ形の方が違和感を覚えるという感覚も手伝って、売られているのでしょう。

もうひとつの違いは、ヨーロッパでは花は生活必需品なのに対し、日本ではどこか贅沢品という意識があること。それを変えるために、例えば、お寿司屋さんにも目の前で握ってくれる高級寿司店から、ファミリーで愉しめる回転寿司店などいろいろなお店があるように、お花屋さんもさまざまな店や販売の形態があったらいいのにと思うんです。この先、花の需要が増えれば、もっと気軽に"不揃いな花"を手に取れる日が来るかもしれませんね。

Flower Career Academy

フラワーキャリアアカデミー ライトコース

花とともに、自分らしいキャリアを

〜フラワーキャリアアカデミーとは〜

花の基礎知識や扱い方
ドライフラワーにする方法やデザインについてなど…
花にまつわる仕事の基礎でありつつ
上流の情報が学べるスクールです。
「興味はあるけど、何から始めたらいいかわからない。」
「YouTubeよりもっと本質的な情報が欲しい。」
「なにを重点的に学んだらいいかわからない。」
そんなことを考えたことがあるあなたへ
本講座を受けることで、花の基本的な扱い方が
マスターできるはずです。

最初の第一歩を、私たちと一緒に踏み出しませんか？

RIN
LOSS FLOWER
お申し込みはこちらの
QRコードから

アンティーク小物は
フラワーサイクルアートの名脇役です

　もともと時間が紡ぎ出す古いものの美しさ が好きで、アンティーク小物を見つけると、 つい買ってしまうタイプでしたが、フラワー サイクリスト®として仕事をするようになっ た今では、意識的に集めています。理由は、 落ち着いた色合いのドライフラワーは、アン ティーク小物と好相性だから。古い切符や手 紙、小瓶などは、単体でも十分魅力的ですが、 ドライフラワーと合わせれば、世界でひとつだ けのアンティークインテリア雑貨になります。

　特に古書は、切り取ったページをチューリ ップと一緒に挟んでガーランドにしたり （P32）、ラナンキュラスとガラスのケースに 入れてディスプレイを作ったり（P38）と、 さまざまなアートで使えます。

　今後、海外やアンティークショップなどに 行く機会があれば、「ドライフラワーと合わ せて使う」という視点で、買い求めてみては？ あなたのフラワーサイクルアートが一層、レ ベルアップすること請け合いです。

CHAPTER 3 フラワーサイクルアート 初中級編

繊細な花びらを活かして押し花に。
ギフトにもぴったり

小さい頃、道端に咲く野花を摘んで帰っては、よく作っていた押し花。
そんな押し花もドライフラワーのひとつです。平らに乾燥させているからこそ
できる、さまざまな使い方。自分だけのお気に入りグッズを作ってみてください。

紫陽花 | HYDRANGEA |

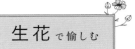

紫陽花ならではの水揚げで
美しさをできるだけ長く保つ

STEP 1

フローリストナイフや
カッターで約10cm茎
を半分削ぐ。ささがき
ごぼうを作るようなイ
メージ。

STEP 2

茎の中に入っているワ
タを、フローリストナ
イフやカッターの先で
かき出す。ワタが水の
吸い上げを妨げるため、
ていねいに取り除く。

STEP 3

ワタがすべて取れたら
完了。ほかの花に比べ、
紫陽花は水分が足りな
いとすぐにくたっとし
てしまうので、この水
揚げ作業が大事。

口の狭い花瓶に活けるのがポイント。
頭の重みに負けず、飾った姿が
好バランス。

63

紫陽花 | HYDRANGEA |

ドライで愉しむ

ニュアンスカラーをそのまま
押し花に。
大切な人への手紙に添えて

準備するもの

紫陽花
厚みのある本
ティッシュペーパー
またはキッチンペーパー
ピンセット
花ばさみ

STEP **1**

紫陽花の花びらのよう
に見える部分は、実は
がく。この部分を押し
花にします。がくの根
元を花ばさみでカット
する。

STEP 2

厚みのある本のページ
にティッシュペーパー
を敷き、その上にピン
セットでカットしたが
くを並べる。

STEP 3

親指と人差し指で挟み、
ギュッと潰すようにし
て、がくを平らにする。
上からティッシュペー
パーをかぶせ、本の間
に挟む。

STEP 4

1週間経ったら、紫陽
花を挟んだ箇所を開き、
ピンセットで慎重にが
くを持ち上げて、ティ
ッシュペーパーを交換
する。

紫陽花 | HYDRANGEA |

STEP **5**

ティッシュペーパーの交換が終わったら、再度挟む。6月から8月は挟み始めから約2週間、それ以外の月は約1週間で完成する。

STEP **6**

押し花レターを作る。押し花をのせたい部分にテープのりを塗る。液体のりは押し花が水分を吸ってしまうため避ける。

STEP **7**

テープのりを塗った部分に、ピンセットを使って押し花をのせる。花の色合いやデザインを考えながら、慎重にのせていく。

押し花を添えるだけで、季節感のあるオリジナルレターに。

コスモス | COSMOS |

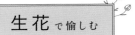

生花 で愉しむ

アイデア次第で、家にある
意外なものが素敵な花瓶になります

「家に花瓶がないから、花を飾れない」。花を買わない理由として、しばしば耳にしますが、
花瓶がなくても花は飾れます！　基本的には、水さえ入れられれば、アイデア次第でどんな
ものでも花瓶に変身させることができます。ここでは、本来は花瓶ではないものを活用して、
コスモスを飾る方法をご紹介します。

"小物入れ"と
"ボタン"の剣山で魅せる
活け花風アレンジ

ボタンの小さな穴は、
コスモスの細い茎にジ
ャストフィット。水を
入れた小物入れに重ね
たボタンを剣山代わり
に入れ、活け花風に。

ラベルにもこだわり
"ワインの空き瓶"で
スタイリッシュに

茎が長い状態なら、口
が狭く、オシャレなラ
ベルも多いワインの空
き瓶がうってつけ。繊
細なコスモスの茎もキ
レイに見せられます。

**"古書×小瓶"で
アンティーク調の
ディスプレイ**

茎が短くなったら小瓶
に花を入れ、古書の間
に挟みます。外から見
ればアンティーク調の
ディスプレイ。小瓶も
倒れにくく一石二鳥。

**キッチン用品"おろし器"
で作ったミニ花畑**

ほぼ花首だけになってしまったコスモスは、
受け皿付きのおろし器の穴に1本ずつ挿せ
ば、小さなお花畑のようです。

コスモス | COSMOS |

ドライで愉しむ　押し花をフォトフレームに入れれば
まるで絵画のようなアート作品

準備するもの

コスモス
厚みのある本
キッチンペーパー
ピンセット
花ばさみ
フォトフレーム

STEP **1**

用意したフォトフレームに収まるように、茎や花を切り分ける。

STEP 2

2枚重ねたキッチンペーパーの上に、花が重ならないように並べ、プレスしやすいよう花を整える。花が開いた状態にしたい時は、厚みがある中心の黄色い部分をギュッと押し、できるだけ平らにする。

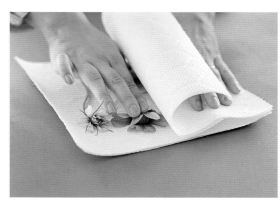

STEP 3

花が閉じた状態の押し花にしたい時は、倒したい方向に花をギュッと押しながら、2枚重ねたキッチンペーパーをかぶせる。

STEP 4

本の間に挟む。1週間経ったら、コスモスを挟んだ箇所を開き、ピンセットで慎重に花を持ち上げ、キッチンペーパーを交換する。

コスモス | COSMOS |

STEP **5** キッチンペーパーの交換が終わったら、再度
挟む。6月から8月は挟み始めから約2週間、
それ以外の月は約1週間で完成する。

STEP **6** コスモスの押し花は繊細で形が崩れやすいの
で、ピンセットでそっと持ち上げる。フォト
フレームに並べたら扉を閉めて完成。

花の色や配置によって印象が変わるため、複数のフォトフレームを並べても愉しい。

Column 4

ドライフラワーだから
飾り方が広がります

ドライフラワーは生花と違い水を必要としないため、花瓶も要らず、置く場所も選ばず、よりインテリア性の高い飾り方を愉しむことができます。また、使い回しがきくので、ディスプレイのバリエーションも無限大。"こんな飾り方は変かな？"など固定観念にとらわれず、インテリアの模様替えなどに合わせて、自由な発想で飾ってみてください。

アンティークアイテムと
組み合わせる

革製トランクとドライフラワー。どちらもレトロな雰囲気を感じさせるアイテムで、相性は抜群。一緒に置くだけで絵になります。

キャンドルスタンドを使った
アレンジメント

キャンドルを挿す中央部分に生花用吸水スポンジをセットしてドライフラワーを挿せば、存在感のあるアレンジメントに。

キッズ用長靴のサイズ感や
カラフルな色合いを活かす

可愛くて捨てられずにいた子ども
用の靴を、花器として生まれ変わ
らせては？ 水がいらないドライ
フラワーならではのアイデア。
協力／AIGLE

ドライとの相性抜群！
ナチュラルな流木オブジェ

単体でオシャレに飾るのは、意
外に難しい流木。ナチュラル感が
マッチするドライフラワーと合わ
せれば、オリジナルオブジェに。

トタン板がキャンバス代わりに
シックなインテリアに合わせたい

廃材のトタン板にインパクトある
ネイティブフラワーを一輪貼り付
ければ、絵画のようなヴィンテー
ジ風オブジェが完成。

生花をカラーリング！
ドライにした時の発色が鮮やか

真っ青なバラやネオンカラーのガーベラなど、花屋の店頭で見かけたことは
ありませんか？　これらは特殊な種類ではなく着色されたもの。
切り花着色剤があれば自宅でも簡単にできるので挑戦してみましょう。

デルフィニウム | DELPHINIUM |

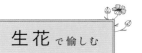 生花 で愉しむ

着色して、より鮮やかなブルーの
グラデーションを作り出す

準備するもの

デルフィニウム（白、水色、青）
花瓶（空き瓶やペットボトルでも可）
ろうと
ゴム手袋（必要に応じて使用）
切り花着色剤（「ファンタジー」の
ロイヤルブルーを使用）
花ばさみ

STEP **1**

花ばさみで茎をまっすぐに切る。
切り口が乾いているとしっかり水
を吸い上げられないため、必ずカ
ットして新しい切り口にする。

STEP **2**

茎が3〜5cmくらい浸かるように
切り花着色剤を花瓶に入れて、花
を活ける。30分ほどで花瓶から
出し、茎の着色剤を洗い流す。

COLOR

着色した花ならではの鮮やかな青色のグラデーションが愉しめます。

切り花着色剤で
カラーリング
すると……

30分ほどで花びらの
縁や葉脈が染まってき
ます。染まり具合は花
の鮮度などで変わるた
め、状態を見ながら時
間を調整してください。

白 の
デルフィニウム

水色 の
デルフィニウム

青 の
デルフィニウム

デルフィニウム | DELPHINIUM |

ドライで愉しむ

鮮やかなブルーがアクセント
小さな花々を詰めたサシェ

STEP 1

室内の風通しのよい場所に、頭を
逆さにした状態で1本ずつ吊り下
げる。吊り下げられれば、ピンチ
ハンガーはどんなものでも可。

準備するもの

デルフィニウム（ドライフラワー）
オーガンジーの巾着袋
香水
花ばさみ

STEP 2

デルフィニウムの花首
の2cmほど下の部分を
花ばさみでカットする。
巾着袋の大きさや好み
に合わせ、カットする
花の量を決める。

STEP **3** 小皿などにドライフラワーを入れ、香水を吹きかける。デルフィニウム以外にもドライフラワーがあれば混ぜても。

STEP **4** 香りがついたドライフラワーが崩れないように、手でそっと巾着袋に入れる。入れ終わったら袋の口を絞る。

デルフィニウム | DELPHINIUM |

オーガンジー越しに透けるデルフィニウムのブルーが爽やか。

ドライにしても色鮮やか。
切り花着色剤で愉しみが広がる!

　自然界にはない色の花を作ることができる、切り花着色剤。使う花の種類や色、染色時間や着色剤の色のかけ合わせなどによって、バリエーションは無限大です。私がよく使うのは、ロイヤルブルーやラベンダー。色を混ぜて使う時はキャメルを少し加えたりします。染色は、本来の色ではない色に変化させて愉しむだけでなく、色鮮やかなドライフラワーを作る場合にも有効です。白や黄色など、ドライにすると茶色くなりやすい花には補色する意味合いで使いますし、ドライになっても赤い花の鮮やかな色味が愉しめるよう、赤の着色剤に浸けて赤味を濃くしておくこともあります。実験気分で自由に染色ライフを愉しんでみてください。

 切り花着色剤(吸い上げタイプ)
「ファンタジー(全23色)」

か す み 草 | BABY'S BREATH |

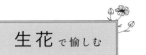

生花 で愉しむ

着色すると主役級のインパクト
赤のグラデーションを華やかに飾る

準備するもの

かすみ草
花瓶（空き瓶やペットボトルでも可。色の数
と同じ本数を用意）
ろうと
ゴム手袋（必要に応じて使用）
切り花着色剤（「ファンタジー」のパープル、
ルビー、ピンクの3色を使用。混ぜ合わせて
お好みの色を作ってもOK）
花ばさみ

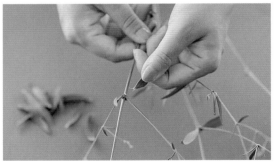

STEP **1**

着色剤が花まで届きや
すくするために、余分
な葉を取る。1時間ほ
ど水をあげないでおく
と、吸い上げがよくな
り染まりやすい。

STEP **2**

茎が3～5cm浸かるよ
うに切り花着色剤を花
瓶に入れて、花を活け
る。30分ほどで花瓶
から出し、茎の着色剤
を洗い流す。

白とはまた違った魅力を放つ赤のグラデーションのかすみ草。空間が華やぎます。

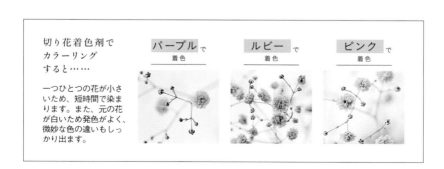

切り花着色剤で
カラーリング
すると……

一つひとつの花が小さいため、短時間で染まります。また、元の花が白いため発色がよく、微妙な色の違いもしっかり出ます。

パープルで 着色
ルビーで 着色
ピンクで 着色

かすみ草 | BABY'S BREATH |

ドライで愉しむ

花材は赤で統一。プレゼントにも
喜ばれるゴージャスなドライブーケ

STEP 1

室内の風通しのよい場
所に、頭を逆さにした
状態で1本ずつ吊り下
げる。風通しがよけれ
ば、生花の時とほぼ同
じ発色・形のドライフ
ラワーになる。

STEP 2

かすみ草のほかに、赤
系のドライ花材をいく
つか用意する。例えば、
染めたパンパスグラス、
スモークツリー、スト
ック、バラなど。

STEP 3

同じ花材ごとにまとめ
てから、すべてをゴム
で束ねる。ゴムは一部
の茎にひっかけ、その
後ぐるりと巻き付けた
ら、束全体に通す。

STEP **4**　花ばさみで茎をカットして長さを揃える。

STEP **5**　束ねたゴムを隠すようにリボンを結ぶ。シックに仕上げるには、甘さを抑えたハーフリボン（片結び）がおすすめ。

かすみ草　| BABY'S BREATH |

赤いブーケはホリデーシーズンにもぴったり。小さなブーケにしてギフトに添えても。

Column **6**

ブライダルとロスフラワー®

　大切な一日を彩るブライダルの花は、ベストな開花状態の花が揃うよう、使用する量よりも多く仕入れます。例えば3本使うなら10本ほど用意して、八分咲きのいちばんよい状態の花を選びます。そのため、使った3本はもちろん、残りの7本も使われないままに廃棄になることも。「まだキレイに咲いている花を、捨てず何かに使えないだろうか？」。以前、結婚式場からの依頼で、役目を終えた花をドライフラワーにし、ブライダルフェアに来場したカップルに向けウェルカムボードを作るワークショップを開催したことがありますが、最近では、式を挙げる前からロスフラワー®に想いを寄せる新郎新婦もいます。

　RINフラワーサイクリスト®のアンバサダーとして活躍する宮川南奈さんは、日頃から「廃棄されてしまうもの」についてしっかりとした考えをお持ちで、希望を伺いながら私が会場装飾を担当しました。ブーケ、ヘッドパーツ、リングピローなどにもロスフラワー®を使用し、卓上に飾った花は、ゲストにお持ち帰りいただけるようにしたところ、大変喜ばれました。

　昔も今も、結婚式に花は欠かせませんが、一生に一度のハレの場だからといって、無駄にしてもよいと考える人は少なくなっているようです。人々の意識の高まりと共に、ロスフラワー®を使ったり、使用後のことを視野に入れたりと、ブライダルシーンにおける花の在り方が、少しずつ変化を見せています。

まるで生花！
乾燥剤を使って、立体感も色味もキープ

時間の経過と共に色や風合いが変化し、アンティークっぽさを増していくのが
ドライフラワーのよさのひとつですが、鮮やかな色や形をそのまま残す方法もあります。
自然乾燥でドライにするのが不向きな花にも使えるため、覚えておいて損はありません。

ダリア ┃ DAHLIA ┃

生花 で愉しむ

あえて異なる品種を一緒に活ける
ポイントは"同色系"と"高低差"

葉はすべてはさみでカット。花に水が行
き渡りにくくなるのを防ぐ。水中に茎の
先を浸けた状態で、茎を切る「水切り」
を行う。繊維を潰さないよう切り口はス
パッと斜めに。水切りは毎日行う。

数品種を飾るなら、色味を揃えて3本、長さを少しずつ
変えて活けてみて。華やかなダリアは花瓶を選びません。

ドライで愉しむ

できた時には感動！　生花と見紛う
大輪のドライフラワー作りに挑戦

準備するもの

ダリア
シリカゲル（ドライフラワー用）
埋没材（砂）
蓋付きの容器
とんがりペットボトル（スポイトボトル）
ろうと
ピンセット※
細い筆※
ふるい※
※ドライフラワー完成後のみ必要。

STEP 1

蓋付きの容器の底に、
深さ2～3cmシリカゲル
を入れる。シリカゲ
ルが飛び散らないよう、
ろうとを使って少しず
つ入れる。

STEP 2

シリカゲルの凹凸で傷
つかないよう花を保護
してくれる埋没材（砂）
を、2～3cm入れる。

93

ダリア | DAHLIA |

STEP **3**

茎を切ったダリアを、
手でそっと容器の中に
入れる。

STEP **4**

花びらと花びらの間を
埋めるように、とんが
りペットボトルを使っ
て、ていねいに埋没材
（砂）を入れていく。
容器のふち側から砂を
入れていくと花が潰れ
にくい。

STEP **5**

ダリアが隠れるまで、
埋没材（砂）を入れる。
この時も花が潰れない
よう意識しながら、花
の周辺から砂を入れる。

STEP 6

最後にシリカゲルで容器を満たして、蓋をしたら10日間ほどそのまま保管する。湿度が60％以上ある時節なら、14日間ほど乾燥させた方がよい。

STEP 7

10〜14日ほど経ったら、蓋を開け、シリカゲルや埋没材（砂）を取り出す。シリカゲルは飛び散りやすいので、ろうとを使う。

STEP 8

花が取り出せるくらいまで、シリカゲルや埋没材（砂）を出したら、ピンセットでそっとダリアを持ち上げ、容器から取り出す。花の中心部をしっかり摑むと花びらが破れにくい。

STEP **9** 花びらの隙間などについた埋没材（砂）を、
細い筆でていねいに払い落とす。

STEP **10** シリカゲルと埋没材（砂）は再利用できるの
で、ふるいを使って分別し、保管しておく。

生花のような存在感のドライフラワーに。
手作りギフトとしてもインパクト大！

おわりに

花は、私たちの目を「ない」ものではなく、
「ある」ものに向け、幸せの循環(サイクル)を生んでくれる

　特別な日じゃなくても、自分のためだけに花を買う日がもっとたくさんあっていい。
リビング、キッチン、寝室、玄関、あるいはオフィスのデスクに、花が1輪飾られている
だけで、見慣れている景色に彩りが添えられます。

　私自身、花の仕事をしていますが、街のお花屋さんでも花を購入することがありま
す。特に、珍しい花や変わった花、ひと目惚れした花があれば、躊躇わず自宅に迎え
入れます。見た目の美しさから癒やされるのはもちろんですが、新しい発見や、小さ
な幸せがそこに隠れているからです。

　例えば、毎日水替えをしている自分がいれば、「今の自分は気持ちにゆとりがある
んだな」と気がつくことができる。小さな気づきですが、自分が満たされていることを
日々意識し、それを積み重ねることが大切だと私は考えています。何でもない日常の
中で、満たされていることに気づく瞬間がどれだけあるかで、幸せを感じたり、感謝し
たりすることが増えるからです。

　花は、「ない」ものではなく、「ある」ものに目を向けるきっかけになってくれます。
それはつまり、花が人々を幸せにする計り知れないエネルギーを持ち合わせている
証だと、私は確信しています。

　私がパリに花留学した際、花束を抱えているだけで行き交う人々に、「素敵ね〜」
「あなたが作ったの?」「何て名前の花なの?」と気軽に話しかけられました。見知ら

ぬ人とそんな会話を交わすだけで嬉しい気持ちになり、自然とお互い笑顔になります。花は国境を超えて誰からも愛され、人と人を繋ぎ、心にうるおいをもたらす存在なんだなと、より深く実感しました。

　日本でもそんな会話がもっと増えたら、花の魅力を一層感じる人が増えるだけでなく、素敵な循環が世の中に広がるのではないかと考えています。
　同時に、愛情を込めて育てている花がこんなにも多くの人を幸せにしていること、花作りという仕事の素晴らしさを、生産者さんたちは改めて誇りに思えるのではないでしょうか。

　最近ではオンラインや定期便など、手軽に花が購入できる時代になりました。生産者の方が直接販売していることもあります。まずは1輪でもいいので、お気に入りの花を購入し、呼吸をするように花を愛でてみませんか？
　その先にあなたの知らない世界、知らない感覚が待っているはずです。

Chronology

どこに行っても山があると思っていた幼少期

母や祖母と歩く道には花がいっぱい。山や自然があるのが当たり前だと思っていたため、都会に行くといつも「お山はどこにあるの？」と聞いていたらしいです（笑）。

仕事の原点となったワークショップ

仕事の原点となったワークショップ。ワックス（ロウ）とドライフラワーで作る「ワックスサシェ」を中心に、友人向けに自宅でワークショップを始めました。本当に愉しくて天職だと確信しました。

心を込めて送った花はボロボロに……

クラウドファンディングの返礼品として、パリから葉書や封書を送りました。後から聞いた話では、同封した花は封筒の中でボロボロに……。皆様、あの時はごめんなさい！

1988年5月
長野県小諸市に生まれる

草花に囲まれて幼少期を過ごし、自然を愛する気持ちが育まれる。

2007年4月
東京家政大学に入学、アパレルデザイナーの道を目指す

2011年5月
玩具メーカーで商品開発の部署に配属

リーマンショックによる就職氷河期の真っ只中で、就活は順調にいかずアパレル会社への就職を断念。「モノづくりが好き」という気持ちから玩具メーカーに就職し、多忙な日々を送る。

2012年10月
大学事務に転職、花を買うことが習慣に

母校の大学で事務職員として働き始める。時間に少し余裕ができたことで花の魅力に気づき、毎週 "一輪の花" を購入。生花で愉しんだ後はドライフラワーにすることが習慣になる。

2014年12月
ドライフラワーを使ったワークショップを開催

自身で作ったドライフラワーを使い、自宅でワークショップを始める。口コミで希望者が増え、半年後にはカフェを貸し切りにして行うほど人気に。

2017年12月
花屋で短期アルバイト
「ロスフラワー®」「フラワーサイクリスト®」という言葉が誕生

アルバイト中、美しいうちに捨てられてしまう花もたくさんあることを知る。廃棄予定の花を「ロスフラワー®」、ロスフラワー®に新たな命を吹き込む人を「フラワーサイクリスト®」と命名。

2018年1月
パリへ花留学

知識や経験不足を痛感し、フランス・パリへ花留学。急遽、修業先が決まったため、足りない留学資金はクラウドファンディングで調達する。

2018年8月
「Fun Fun Flower」の屋号で活動開始

自身のブランド「Fun Fun Flower」を立ち上げ、百貨店やアパレルブランドなどとロスフラワー®を使ったコラボ企画を多数行うようになる。

2019年4月
メディアへ出演が増加、ロスフラワー®を使った活動に共感を得る

ロスフラワー®の存在や「Fun Fun Flower」の活動に注目が集まり、TV・ラジオ・雑誌などへの出演が増える。

2019年12月
株式会社RIN 設立

ロスフラワー® を使った店舗デザインや装花
装飾 を行う、株式会社RIN を立ち上げる。

2020年2月
**資生堂グローバルイノベーションセンター（S/PARK）にて
大型装飾「Sustainable Beauty Garden」**

資生堂グローバルイノベーションセンター（S/PARK）内で行われた展示「Sustainable Beauty Garden
（サステナブルビューティーガーデン）」で、ロスフラワー® を再利用した装飾を手掛ける。直径3mにも
なるフラワードームに使われた花、約1万5000本のうち、8割以上がロスフラワー®。

花農家からのSOS
何か力になりたい！

農林水産省が花業界支援のた
めに立ち上げたプロジェクト
のHP内に弊社の情報を掲載
すると、すぐに花農家さんか
らSOSが。その声でオンラ
イン販売を決意しました。

2020年4月
**花農家からの依頼を受け、「フラワーサイクルマルシェ」にて
ロスフラワー®をオンラインで販売開始**

イベントシーズンに行き場をなくした花を一般の人たちに届け、ホームユース拡大に繋げる。

2020年10月
一般財団法人渋谷区観光協会の「観光フェロー」第一弾に就任

一般財団法人渋谷区観光協会が、渋谷の街を共に盛り上げていく「観光フェロー」制度を発足し、第一弾
観光フェローのひとりに就任。渋谷駅コンコースで花を配り、花を文化にする活動などを行う。

2020年11月
「LAFORET XMAS 2020」の全館装飾プロデュース

ラフォーレ原宿で実施する「LAFORET XMAS 2020」において、全館装飾や催事など全面プロデュース。
社会情勢に鑑み、多くの商業施設がイベントを自粛する傾向にあった中、"行き先がなくなってしまった
花で、何か喜ばれる装飾を"という想いから開催。

2021年11月
**KITTE名古屋　「FloweRing Christmas」
装飾デザイン制作**

2022年6月
**フラワーサイクリスト®になるための
「フラワーキャリアアカデミー」を開始**

2022年11月
**東急百貨店渋谷本店１階、クロージングまでの
エントランス装飾**

2022年12月
東京都主催プロジェクト「TOKYOエシカル」パートナーとして参画

東京都と「エシカル消費」に繋がる取り組みを実施する企業・団体がネットワークを構築。エシカル消費
を促すプロジェクト「TOKYOエシカル」のパートナーとして活動開始。

2023年1月
**RINの「花の文化を広めたい」という想いに共感する、
全国200名以上のフラワーサイクリスト®と共に活動中**

Profile

河島春佳（かわしま・はるか）
フラワーサイクリスト®、株式会社RIN代表取締役

1988年、長野県生まれ。大自然の中で幼少期を過ごし自然を愛するようになる。2014年頃から独学でドライフラワー作りを学び、生花店での短期アルバイト時に、廃棄になる花の多さにショックを受けたことから、フラワーサイクリスト®としての活動を始める。'18年クラウドファンディングで資金を集めパリへの花留学を実現し、'19年株式会社RINを立ち上げる。'21年フラワーサイクリスト®になるためのスクール「フラワーキャリアアカデミー」をリニューアルし、現在、全国の200名以上の卒業生と共に、ミッションとして掲げる"花のロスを減らし花のある生活を文化にする"ために活動中。著書に『染色ドライフラワー図鑑』（エクスナレッジ社 2023年）がある。

https://lossflower.com
Instagram：@ haruka.kawashima

生花からドライまで、花を愉しむアイデア

おうちでフラワーサイクルアート

2023年9月30日　初版第1刷発行

デザイン	中西佑美
撮影	山田英博
取材協力	篠原亜由美
著者	河島春佳
発行者	三宅貴久
発行所	株式会社 光文社
	〒112-8011 東京都文京区音羽1-16-6
電話	編集部 03-5395-8147
	書籍販売部 03-5395-8116
	業務部 03-5395-8125
	落丁本・乱丁本は業務部へご連絡くだされば、お取り替えいたします。
組版	堀内印刷
印刷所	堀内印刷
製本所	ナショナル製本